Edmond About

Le Salon de 1868

Critique

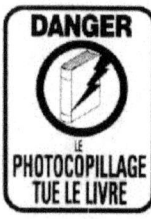
ISBN : 978-1983958694

10 9 8 7 6 5 4 3 2 1

Edmond About

Le Salon de 1868

Critique

Table de Matières

Section I

Pour un certain nombre d'esprits, qui ne sont pas les moindres entre nous, le printemps ramène un vieux problème toujours nouveau parce qu'il n'est jamais résolu. Les plus honnêtes gens et les meilleurs citoyens, — car il en reste, — éprouvent un sentiment voisin de l'angoisse chaque fois que l'autorité les convie à une exposition des beaux-arts. Où le vulgaire ne voit qu'un spectacle à lorgner, quelques-uns trouvent l'occasion solennelle et obligatoire de dresser un bilan, de voir où nous en sommes, de comparer les pertes et les recrues de l'année, de constater le progrès ou la décadence de l'art français. C'est à ce public limité, mais d'autant plus considérable, que s'adresse la *Revue*. Nous n'avons pas la prétention de discuter, ou de décrire, ou même d'énumérer toutes les œuvres passables que la France a produites dans l'espace d'un an ; notre but est de déterminer la direction et de mesurer la vitesse des courants qui emportent l'art national vers le mieux ou vers le pire. Ainsi faisait l'illustre et regretté Gustave Planche ; nous conserverons de notre mieux la tradition de cette philosophie, que M. Henri Delaborde et M. Maxime Du Camp ont pratiquée après le maître avec un remarquable talent. Celui qui a l'honneur de succéder à ces juges n'est pas nouveau dans la critique d'art ; il s'efforcera de prouver qu'il n'y est plus jeune, et qu'il peut apprécier ses contemporains avec indépendance et modération, sans engouement ni camaraderie, mais sans cette âpreté qui distingue les fruits verts de l'esprit humain. Cependant nous ne nous chargeons pas de contenter tout le monde. Si toutes les vérités sont bonnes à dire poliment, toutes ne sont peut-être point agréables à entendre. De quelques ménagements qu'on entoure une opinion sincère, on risque de froisser non-seulement les vanités privées, mais cet optimisme patriotique qui est le fond du caractère français. Nous avons décidé de temps immémorial, à l'unanimité des voix, que nos soldats, nos savants, nos écrivains et nos artistes étaient les premiers de l'univers, et qu'il en serait ainsi jusqu'à la fin des siècles. Ce vote de confiance a du bon, il convient qu'une nation s'estime à sa valeur et même au-delà ; mais prenons garde : il y a un degré d'infatuation qui est le commencement de la décadence.

Si le progrès venait à s'arrêter chez nous, si même par malheur nous tombions au-dessous, de nous-mêmes, qui nous avertirait ? Le gouvernement ? Non ; tous les pasteurs des peuples sont entourés d'un chœur enthousiaste qui s'égosille à chanter les louanges du présent. Chaque prince s'imagine qu'il fait tout son siècle à lui seul, et se flatte de le faire aussi bien que Périclès, Auguste et Louis XIV. Le plus pacifique des souverains serait navré de lire dans une gazette d'Allemagne que le recrutement, ou l'instruction, ou l'armement de ses soldats laisse à redire. Le moins lettré, le moins artiste des rois se laisserait choir en mélancolie, s'il apprenait que ses artistes ou ses mandarins lettrés se négligent. Aussi. les gens de cour, rangés en cercle autour du maître, s'empressent-ils d'écarter les doutes importuns qui voltigent. Il faut que tout aille bien, que tout soit pour le mieux ; on le dit, on le proclame, on l'imprime. On ne craint pas de publier, lorsque l'Europe commence à nous plaindre, des rapports officiels sur le progrès de toutes les belles choses, qui déclinent, hélas ! à vue d'œil. Je constate pourtant que les hommes d'administration ont eu trop de bon goût ou du moins trop de pudeur pour se féliciter publiquement du progrès de nos arts. Ils savent que la glorieuse promotion de 1830 est descendue sous terre, que nous avons perdu coup sur coup Decamps, Ary Scheffer, Delacroix, Vernet, Ingres, Troyon, Rousseau, David d'Angers, Pradier, Rude, Simart, Duret et d'autres que j'oublie ; ils comptent sur leurs doigts le peu de vrais artistes qui nous restent, et ils s'avouent entre eux que l'art national depuis dix, ans n'a progressé qu'au rebours.

S'il y avait plus de logique chez ceux qu'Homère appelle mangeurs de peuples, ils se reprocheraient l'extinction de leurs sujets illustres, puisqu'ils se glorifient de les avoir fait éclore. Nous qui jugeons sans partialité les mérites et les démérites du prince, nous estimons qu'il exerce une influence aussi problématique sur l'apparition des génies que sur le retour des comètes. Il serait monstrueux d'imputer a la suffocation du despotisme la mort de dix ou douze grands artistes dont quelques-uns furent bons courtisans ; il serait grotesque de dire que les talents nouveaux, dont quelques-uns paraissent doublés d'une fière indépendance, sont le produit d'un regard olympien et d'une commande officielle.

L'autorité, même absolue, ne peut pas faire de miracles : gardons-nous de lui demander l'impossible. Souhaitons seulement qu'elle emploie avec un peu de conscience et de discernement les pouvoirs et les ressources dont elle est dépositaire. Efforçons-nous d'obtenir que les hommes chargés d'organiser l'enseignement des beaux-arts ne ruinent pas d'un coup de tête insensé la grande école de Paris, que les conservateurs de nos musées n'emploient pas leurs loisirs à dégrader les chefs-d'œuvre de Rubens et de Titien, que les encouragements de l'état ne soient pas réservés par privilège à la médiocrité rampante, que les expositions publiques se fassent décemment, dans un immeuble approprié et réservé à cet usage, que les deniers des visiteurs soient consacrés à l'achat des œuvres les plus remarquables, et qu'une conception saugrenue comme le *Faune sautant à la corde* ne soit jamais coulée en bronze par ordre du ministère des beaux-arts.

Les hommes agréables et de bonne famille qui administrent par droit de conquête le département du beau ne sont pas, à proprement parler, les ennemis de la chose publique. On ne peut dire qu'ils soient tout à fait incompétents, car ils ont travaillé la peinture ou la sculpture en amateurs avec quelque succès. S'ils font beaucoup de mal et peu de bien, la faute en est à certain dandysme renouvelé du comte d'Orsay, à la prédominance de l'esprit mondain sur le sentiment artiste, à je ne sais quelle indifférence souriante et triomphale qui serait à peine excusable chez des parvenus, à certain parti-pris de laisser dire et de n'en faire qu'à sa tête, par où la préfecture des beaux-arts se rapproche de la surintendance Haussmann. M. le préfet de la Seine a un plan ; nous savons ce qu'il nous en coûte. L'administration des beaux-arts n'en a point. Elle fait et défait, juge et déjuge, prend les arrêtés qui lui plaisent et les déchire quand ils ont fait leur temps, c'est-à-dire d'une année à l'autre. C'est un petit état dans l'état, et le pouvoir personnel y est également illimité sans y être également réfléchi. Les dieux galants de cet olympe secondaire n'ont pas de prétentions à l'infaillibilité ; l'omnipotence leur suffit, mais ils y tiennent. S'ils ne dédaignent pas de varier souvent, ils entendent que leur dernière décision soit sacrée jusqu'à ce qu'ils la condamnent eux-mêmes, incapables de souffrir la contradiction, mais se contredisant à toute heure. Ce pouvoir, mobile comme l'onde et pourtant ferme comme un roc, est en possession de publier quand et comme il lui plaît les ouvrages de nos artistes. Après des tâtonnements infinis, il a provisoirement résolu d'ouvrir une exposition tous les ans et de montrer aux yeux du peuple les œuvres patronnées par les succès précédents de leurs auteurs ou contrôlées par un jury électif en partie et en partie administratif. L'administration prend ses jurés où bon lui semble, parmi les hommes de bureau, les amateurs distingués et les critiques. Les artistes électeurs sont astreints, on ne sait pourquoi, à n'élire que des artistes. Ainsi manipulé, le jury a pour tâche d'admettre ou de rejeter les ouvrages des hommes nouveaux, c'est-à-dire de ceux qui n'ont jamais obtenu aucune récompense. Quiconque est porteur d'une médaille échappe à l'examen et peut exposer deux ébauches, deux rebuts d'atelier, deux péchés de sa jeunesse pu deux défaillances de sa vieillesse. En revanche, apportez trois chefs-d'œuvre, et l'administration vous priera d'en remporter un. Le nombre deux plaît aux dieux de cette catégorie ; on n'a jamais daigné dire pourquoi.

Un concours est ouvert entre les exposants qui n'ont pas obtenu trois médailles de 400 francs ou l'équivalent de ces trois médailles. Le règlement ne dit pas quelle récompense d'un ordre supérieur doit succéder à ces trois médailles « d'une seule espèce ; » mais il est sous-entendu que les médaillés sont stagiaires de la Légion d'honneur, et qu'on ne peut être décoré sans avoir mérite par plusieurs années d'assiduité trois médailles successives. Cependant, si Raphaël exposait du premier coup *la Vierge à la chaise* ou *la Madone de Foligno*, Raphaël pourrait être décoré d'emblée, parce qu'il est Italien et que les étrangers sont mieux traités par l'administration que les indigènes. Deux médailles d'honneur peuvent être décernées par un comité spécial aux deux œuvres les plus éminentes du Salon. Aux dernières nouvelles, ce comité devait être choisi par le sort, par l'administration et par l'élection, combinées le plus savamment du monde. Je ne crois pas qu'il y ait deux opinions sur l'ingéniosité byzantine de ces règlements. Un atome de bon sens vaut mieux que tout l'esprit dépensé en dix ans par les surintendances.

Les expositions d'œuvres d'art sont bonnes, et l'on fera sagement d'en continuer la mode. Elles mettent le public en communication directe avec les artistes ; elles donnent presque instantanément la renommée et la fortune aux hommes de talent ; elles peuvent servir à propager le goût du beau dans les masses. Il est bon que le budget en avance les frais, sauf à se récupérer sur le prix des entrées et la vente du catalogue, car nos artistes, livrés à eux-mêmes, ne sauraient rien entreprendre à frais communs dans un intérêt collectif. Il n'y a pas de solidarité entre l'aristocratie du talent et la plèbe des médiocres. Étant admis le principe des expositions par l'état et à son profit, il est juste d'exposer toutes les œuvres, sans exception, de ceux qui sont ou croient être des artistes. Les bâtiments publics appartiennent à tous les contribuables, les serviteurs publics également ; mais comme il est amplement démontré qu'un vrai tableau serré entre deux croûtes perd les trois quarts de sa valeur, on ne doit pas entasser pêle-mêle le bon et le mauvais. Chacune de nos expositions, sur un total de quatre mille ouvrages, en compte deux cents remarquables ou estimables ; mettons trois cents pour être larges. Supposez qu'un jury élu par les artistes soit chargé de choisir et de placer dans un ou deux salons tout ce qui mérite d'être vu. Le reste se distribuera dans les salles ou les galeries voisines ; il n'y aura ni *reçus*, ni refusés, ni *refusés exposés*, c'est-à-dire voués d'avance au ridicule ; il y aura une collection d'œuvres désignées à l'attention des connaisseurs et à l'étude des ignorants dans cette grande récolte de l'année. Point d'exclusions, sauf celles que la pudeur commande, et placement par le jury.

Dans l'état présent de nos affaires, le jury n'a pas la moindre part au placement des ouvrages exposés, c'est l'administration qui s'en charge. Or il est évident que l'administration ne saurait être impartiale. A ses yeux, les meilleurs ouvrages sont ceux qu'elle a commandés, ou ceux qui portent la signature des artistes bienpensants, soumis aux puissances, ou ceux qui représentent la beauté des personnages augustes, les victoires de nos généraux, les conférences des diplomates, les bals de préfecture, le dévouement des gendarmes, l'enthousiasme des gardes champêtres à la vue d'un candidat ministériel. Il est bien juste que l'administration place avant tout ses idoles, ses amis, ses plaisirs, ses idées, ses faiblesses même. Le mérite intrinsèque d'un ouvrage doit pâlir en présence de certaines considérations. Qu'est-ce que l'art aux yeux d'un homme qui s'est fait fonctionnaire, pouvant être artiste ? Voilà pourquoi certain salon qui s'appelait jadis salon d'honneur est devenu le grand collecteur des choses officielles.

Si le pouvoir n'exerçait son influence que sur les expositions, le mal, si grand qu'il nous paraisse, ne serait qu'un demi-mal ; mais la décadence de nos arts a des sources multiples et haut placées pour la plupart. Les mandataires du public achètent tous les ans pour nos collections un certain nombre de toiles et de statues. Quelques-unes de ces œuvres traversent le musée du Luxembourg, qui est devenu un lieu de passage, et vont ensuite chercher l'ombre et la paix dans des départements éloignés. On assure que plusieurs sont enfouies aussitôt que livrées parce qu'elles feraient peu d'honneur au goût des bureaucrates qui les choisissent. Il serait bon que cette dépense fût contrôlée comme toutes les autres, non par la cour des comptes, mais par l'examen du public. Quel inconvénient verriez-vous à ce que les emplettes de chaque année fussent groupées pendant un mois ou deux dans quelque coin du Luxembourg ? Nous saurions mieux ce qu'on fait de nos deniers, ce qui est peu de chose, et dans quel sens on pousse nos artistes, ce qui est d'une importance vitale.

L'état, la ville, les chefs-lieux de département, se sont mis à construire et à décorer des édifices sans nombre : palais, églises, fontaines et le reste. On nous en a plus fait et plus fait payer es vingt ans qu'à nos ancêtres en deux siècles. Cette prestation extraordinaire occupe et même absorbe un grand nombre d'artistes qui n'ont plus guère le temps d'exposer. C'est pour eux qu'on ajoute au livret la liste bien incomplète des ouvrages exécutés dans les monuments publics. Malheureusement nos ministres, nos préfets et nos édiles, trop pressés de jouir et de s'admirer dans leurs œuvres, exigent que les commandes soient livrées dans un délai dérisoire. Ils préfèrent, dit-on, le travail un peu bâclé à celui qui retarderait, sous prétexte de perfection, les discours et les banquets de l'inauguration solennelle : impatience bien légitime et qui semble un hommage rendu à l'instabilité des choses humaines ; mais il n'est pas improbable que les trois quarts de nos artistes aient la main gâtée dans cinq ans.

Autre affaire. On a critiqué sous un précédent régime le mot d'un homme d'état qui disait aux aspirants électeurs : Enrichissez-vous ! Le régime actuel n'a jamais rien dit de semblable ; mais en faisant pulluler des richesses factices qui montrent la corde aujourd'hui, en persuadant à la France qu'elle avait 40 milliards de valeurs mobilières, en érigeant la dépense à la hauteur d'un principe, en imposant l'exemple du luxe et du grand train, il a mis tous les citoyens, sans excepter les artistes, en demeuré de s'enrichir. J'en sais plus d'un qui aimerait mieux rester pauvre et créer des chefs-d'œuvre ; mais il est avéré que les chefs-d'œuvre ne se font qu'à Paris, et, pour y travailler, il faut y vivre, c'est-à-dire payer des loyers exorbitants, consommer des produits grevés de taxes monstrueuses. Si l'esprit mercantile a corrompu les sources de l'art, si tel peintre recopie incessamment le tableau qu'il a bien vendu, si tel autre débite ses compositions en menues tranches pour les mettre à la portée de toutes les bourses, si le succès d'un joli *Chanteur florentin* signé Dubois fait éclore tout un pensionnat de gringalets archaïques, si chaque nouveauté hardie et remarquée traîne à sa suite une vingtaine d'imitateurs serviles, si M. Manet lui-même, ayant fait scandale, fait école, ce n'est ni M. le préfet de la Seine ni les autres détenteurs d'un pouvoir absolu qui ont le droit de jeter la pierre aux artistes. Je m'arrête, non que j'aie tout dit, mais parce que je finirais par en trop dire, et j'aborde le Salon de 1868.

Pourquoi salon ? Cela se dit par un vieux restant d'habitude, en souvenir du temps où l'Académie de peinture exposait dans le salon d'un palais, pour un public d'élite, quelques ouvrages choisis. Aujourd'hui, dans le coin d'une bâtisse à plusieurs fins, qui n'est ni une serre ni une halle, mais qui participe des deux, on improvise une exhibition simultanée des beaux-arts et des beaux légumes, entre un concours de chevaux carrossiers et une exposition des fromages sans doute. Le dernier break des maquignons s'est croisé avec la première tapissière des peintres. Plus d'un tableau verni *in extremis* a pu encore saisir au vol la noble poussière des chars. Les statues de marbre coudoient les arrosoirs perfectionnés ; on voit circuler pêle-mêle dans les plates-bandes du jardin les sculpteurs et les champignonistes. Les champignonistes ne m'ont pas dit ce qu'ils pensaient de la combinaison, mais les sculpteurs en sont fort aises. Pensez donc que ces pauvres gens, — les sculpteurs, — ont exposé deux ans de suite dans une sorte de cave où le champignon croissait sans culture ! On s'arrange, on s'installe, on partage le terrain, on se promet de faire bon ménage jusqu'au 1er juillet, date fatale, dernier délai, car les fromages sont attendus à jour fixe, et vous savez qu'ils n'attendent pas.

Section II

Nous ne sommes, pas tout à fait des vieillards, et pourtant nous avons vu le temps où les peintres se classaient encore par écoles. Aujourd'hui une exposition ressemble à une symphonie fantastique où tous les exécutants jouent à la fois chacun son air. Nous n'avons pas mérité la médaille de Sainte-Hélène, et cependant nous nous souvenons qu'autrefois, dans notre jeunesse, vers 1847, la mesure d'un tableau n'était pas chose arbitraire. Il semblait admis en principe que les grandes toiles sont réservées aux grands sujets, les moyennes aux moyens et les petites aux petits. La décoration, l'histoire, le genre, le paysage, se conformaient à cette loi. Le goût public, — il y avait alors un goût public, — aurait jugé sévèrement un tableau de genre agrandi jusqu'aux proportions de l'histoire. En revanche, un tableau d'histoire réduit aux humbles dimensions du genre aurait reçu le nom d'esquisse terminée. On pensait que le nu mérite d'être peint en grandeur naturelle, mais que les scènes de la vie privée sont à leur place dans un petit cadre, comme les vaudevilles sur la scène du Palais-Royal. Les paysagistes eux-mêmes prenaient le temps de la réflexion avant d'attaquer une toile petite ou grande ; ils savaient qu'un coin de buisson, une meule de paille, une charretée de pommes de terre, ne doivent pas affecter l'importance d'une composition du Lorrain. Nous avons changé tout cela : paysagistes, animaliers, peintres de genre, ont agrandi leurs toiles à qui mieux mieux, enchérissant l'un sur l'autre, comme les directeurs de théâtre exagèrent la superficie de leurs affiches pour forcer l'attention du public. L'illustre champ de la peinture d'histoire est envahi par des messieurs en paletot, des dames à chignon, des mendiants en guenilles. Un grand âne s'étale en pied dans un cadre où Jules Romain ferait piaffer tout le quadrige d'Apollon ; un carré de choux prend plus de place que Nicolas Poussin n'en accordait à la ville et à la campagne d'Athènes. C'est le monde renversé ; mais citez-moi donc un artiste qui, pour faire son chemin, ne renverserait pas plusieurs mondes !

Les peintres arrivés changent de note. Ils font des tableaux d'histoire que vous emporteriez sous le bras. Leur clientèle le veut ainsi : les expropriations, les déménagements, l'avenir incertain, les appartements de moins en moins vastes, réclament la fabrication de chefs-d'œuvre concentrés, portatifs, d'une grande valeur sous un petit volume : on demande des diamants signés Meissonier ou Gérôme. Un très petit nombre de riches (faut-il admirer leur courage bu censurer leur imprudence ?) font couvrir de peintures décoratives les murs et les plafonds de leurs hôtels. Les palais et les églises, évidemment plus stables que les propriétés privées, s'embellissent de quelques panneaux à l'huile ou à la cire. Est-ce à dire que le grand art de la décoration soit à la veille de ressusciter chez nous ? J'en doute. Nous avons désappris la fresque, où Mignard excellait encore il y a deux cents ans, et ce n'est pas la vue de cinq ou six placards attribués à Luini qui en rendra le goût à nos artistes. L'art chrétien, qui vivait encore avec la foi chrétienne dans la belle âme de Flandrin, sèche sur pied comme un arbre sans racines. L'art païen, le plus noble et le plus décoratif de tous, n'est plus représenté que par quelques artistes hésitants et timides. Rien n'égale la pauvreté du dernier grand ouvrage que l'administration nous a fait voir au Louvre. C'est un plafond de M. Matout qui semble découpé pièce à pièce dans les maîtres italiens et recollé comme un travail de potichomanie. On assure que l'inauguration du nouvel Opéra doit révéler à la France deux décorateurs de premier ordre, M. Baudry d'abord et après lui M. Lenepveu. J'ai de bonnes raisons pour croire à la véracité de cet on-dit ; mais l'inauguration du nouvel Opéra est encore bien loin : en attendant, j'ai compté dans toute l'exposition de 1868 cinq ou six essais de peinture décorative.

C'est le *Vainqueur* de M. Ehrmann, une belle composition très claire et d'un bon style, mais qui me semble un peu mollement exécutée, et *la Céramique* de M. Bouvier, qui pèche par le défaut contraire, car la figure d'homme est d'un modelé trop sec. La couleur, en revanche, est d'un éclat, d'une fraîcheur et d'une finesse qui rappellent les plus splendides porcelaines de la Chine ou les plus jolies toiles de M. Gustave Moreau, La figure du *Jeu* est une œuvre distinguée, comme toutes celles de M. Puvis de Chavannes, on y remarque même une finesse de modelé qui manquait trop souvent chez ses aînées ; mais la figure s'enlève sur une draperie volante dont le mouvement s'explique mal, la tête, d'une physionomie finement satanique, est trop petite, les formes du corps montrent un peu trop d'angles, et je crois que la conception de l'artiste pèche en un point capital. Le propre d'une décoration, — M. de La Palisse l'a peut-être dit avant moi, — est de décorer l'édifice ; donc le premier devoir d'une figure décorative est d'être belle. Le peintre aurait beau dire que son but est d'émouvoir, d'étonner, de convertir les regardants, de les écarter du tapis vert (dans un cercle !) en leur montrant le jeu sous une couleur effroyable : on lui répondrait que les maîtres en pareille occasion, ne manquent pas d'embellir de leur mieux les allégories les plus sinistres. La tête de Méduse n'était pas faite à coup sûr pour attirer Les gens ; toutefois les anciens l'ont rendue aussi belle qu'ils ont pu, et j'ose dire qu'elle n'en est pas moins terrible. L'animal ténébreux que la fable chrétienne emprunta jadis aux Persans, le diable, puisqu'il faut l'appeler par son nom, est toujours beau dans les décorations du XVIe siècle lorsqu'il est représenté sous les traits d'un homme.

M. Bin, qui décorait l'an dernier avec un goût parfait l'exposition d'Égypte, a repris dans la Genèse une légende cent fois exploitée, parce qu'elle comporte un paysage, un jeune homme, une femme et un vieillard majestueux : c'est la naissance d'Eve. Quel mobile le pousse à se risquer sur un terrain où il est vaincu d'avance par les maîtres ? Eh ! la démangeaison de placer une idée neuve et piquante, le plaisir de peindre un pommier en fleur sur la tête de l'homme endormi et de la femme fraîche éclipse. Du reste son Adam ne paraît pas mal esquissé, mais Eve est déplorablement mesquine et piteuse. Triste réveil pour l'auteur du genre humain, s'il est homme de goût. Je sais que les beaux modèles de femme se font rares à Paris depuis que l'Europe et l'Amérique y prennent leurs vacances ; mais M. Bin n'avait qu'à jeter son filet dans la rue pour trouver mieux que cet avorton blafard. La figure du créateur est conforme au type généralement adopté, et la draperie qui le couvre ne paraît pas heureuse : c'est un de ces tissus à double face que les Anglais fabriquent depuis vingt ans et les manufacturiers d'Elbeuf depuis quinze, à moins pourtant que le jaune ne soit une doublure cousue à l'étoffe. Dans tous les cas, l'artiste a commis une faute en attirant notre attention sur ce point. L'usage ne permet pas que les peintres ; représentent Dieu le père sans habits, mais c'est à vous de nous faire oublier ce détail. Arrangez-vous pour que la draperie passe inaperçue, qu'elle semble une partie intégrante de la divinité ; sinon, nous vous demanderons qui l'habille.

Les poètes et les romanciers primitifs ont taillé la besogne des peintres, ils leur ont légué des sujets et des programmes par milliers ; mais ils n'ont pas esquissé leurs tableaux, et il reste beaucoup à faire pour donner un corps à la légende la plus précise. Rien n'est plus net, plus simple et plus vraisemblable en mythologie que la naissance de Minerve. C'est un sujet facile à mettre en vers, facile à raconter en prose : pour peu qu'une imagination soit ouverte au surnaturel, elle se représentera aisément le marteau de Vulcain frappant la tête de Jupiter et la déesse qui jaillit tout armée par la fissure du crâne ; mais le jour où M. Mazerolle entreprend de mettre en plafond le récit d'Hésiode, il s'aperçoit que la distance est grande entre le merveilleux et le pittoresque. L'œil ne s'abuse pas à si bon compte que l'esprit, la représentation matérielle d'un fait ne doit rien laisser dans le vague ; or le moyen de tout montrer dans un pareil sujet et de rendre tout vraisemblable ? Essayons de penser en grec ; voici comment nous verrons le prodige. Le crâne de Jupiter s'est ouvert, fermé et guéri en un moment. Une petite Minerve de style éginétique, raide dans son armure et tout d'un seul morceau, le casque en tête, la lance droite et serrée au corps, s'élève en l'air, grandit à vue d'œil jusqu'aux proportions de la figure humaine, et saute alors sur le plancher des dieux, eu elle se met à danser la pyrrhique. Le malheur est que rien de tel ne se peut rendre en peinture. Si Jupiter s'est guéri lui-même instantanément, comme il sied à un dieu, l'œil ne devinera pas que Minerve lui sort du front et qu'elle était sa migraine avant d'être sa fille. D'autre part, un Jupiter au crâne effondré serait horrible à voir. La croissance rapide de la jeune déesse se conçoit, mais ne se peint pas ; il faut donc que l'artiste nous montre un grand corps échappé d'une petite boîte. Or l'œil a sa logique qui répugne à ce genre de contradiction. M. Mazerolle a esquivé une des difficultés de son sujet en noyant le crâne de Jupiter dans un flot vaporeux qui semble fait de mousseline et de nuage ; mais c'est enchérir sur l'invraisemblable que de nous montrer la déesse avec tous ses attributs, l'égide, le bouclier, la branche d'olivier et même la chouette, ce qui complique énormément le cas du pauvre Jupiter. En résumé, je crois que la naissance de Minerve n'était pas un sujet à peindre et que M. Mazerolle a lutté contre l'impossible ; toutefois il ne l'a pas fait sans talent. L'*Apothéose de Psyché*, par M. Jules-

Louis David, n'est pas exempte de défauts ; cependant elle atteste un notable progrès chez le petit-fils de l'immortel David. On peut à la rigueur terminer cette liste par une grande décoration d'église, signée du frère Athanase, qui paraît être un écolier passable de Mandrin.

La peinture d'histoire est représentée par quelques études dont la plus intéressante est à coup sûr la *Femme couchée*, de M. Lefebvre. Voici le morceau capital du salon. C'est une Parisienne de dix-huit à vingt ans, bien faite, bien portante et nue, ou plutôt déshabillée sur un lit de repos couvert d'un châle rouge. Le réalisme contemporain n'a rien produit de plus complet, si je ne me trompe. Bon dessin, facture excellente, couleur chaude et certain ragoût de sensualité, je ne sais quelle invite au contentement immédiat qui rappelle la femme en bonnet de Vanloo et les compositions du même style. M. Ingres a peint des femmes aussi nues, l'*Odalisque*, la *Venus Anadyomène, la Source*. Pourquoi n'éveillent-elles point les mêmes idées que celle-ci ? Est-ce parce qu'elles n'affichent pas le même rire provoquant, parce que leur nudité est expliquée par des accessoires plus logiques et moins désordonnés que ce châle étendu à la diable avec une précipitation qui en dit trop ? Est-ce parce qu'elles sont vêtues d'une couleur plus austère ? parce qu'on ne voit pas transparaître le sang vermeil de la jeunesse à travers la beauté des formes et la perfection sculpturale du dessin ? Mais l'Antiope du Corrège, la Vénus du Titien à la Tribune de Florence, et, sans aller si haut ni si loin, la Diane, la Vénus, la Naïade de M. Baudry, sont absolument chastes malgré l'éclat de leur jeunesse et la tendresse exquise de leur couleur. Pourquoi nous semble-t-il, à nous qui ne sommes pas prudes, que la *Femme couchée* de M. Lefebvre parle un autre langage et s'adresse à un autre côté de l'esprit humain que tel ouvrage presque semblable ? Ne serait-ce point par hasard que le talent du peintre s'épure en même temps qu'il s'élève, et qu'un certain degré du beau franchit pour ainsi dire notre sensualité pour toucher le plus noble et le meilleur de notre âme ? M. Lefebvre est un artiste non-seulement habile, mais tout à fait distingué. Il expose, à côté de cette académie de femme, un portrait qui est un tour de force audacieux et réussi. Je ne doute pas qu'il n'arrive au succès de premier ordre, s'il veut gagner les couches supérieures de l'art.

L'*Elégie* de M. Parrot a passé presque inaperçue, parce qu'elle est perchée trop haut. Soyons justes, on ne peut pas exiger que l'administration place bien un tableau, s'il n'est recommandé que par lui-même. Cette *Élégie* n'est qu'une académie, mais excellente et charmante, du goût le plus irréprochable, du ton le plus juste et le plus fin. M. Parrot a un petit portrait, pas plus grand que les deux mains, mais exquis. La *Médée* de M. Klagmann est un tableau complet, et l'un des meilleurs du Salon. Les trois figures, bien dessinées et largement peintes, ne doivent rien à personne, pas même à Delacroix. Il y a longtemps qu'un débutant ne s'est présenté au public avec les qualités magistrales que je constate chez M. Klagmann. *La Toilette*, de M. Henner, représente une femme courte, épaisse, hommasse, aux jambes lourdes et engorgées. Que de talent gaspillé dans cet ouvrage ! Quelle science du modelé ! quelle entente du clair-obscur ! quelle suavité dans les ombres, qui rappellent le faire d'André del Sarto ! Malheureusement la perfection du détail ne sauve rien, dans aucun art, si le parti général est manqué. Le *Saint Paul* de M. Thirion n'est pas une de ces peintures séduisantes qui attirent la foule ; cependant, pour ceux qui ne craignent pas de s'arrêter devant un tableau de religion, c'est une œuvre d'un goût pur et d'une exécution remarquable. La *Vénus* de M. Saint-Pierre et la *Nymphe* de M. Hugrel sont plus et mieux que des études de femme. M. Saint-Pierre expose un groupe ingénieux, bien composé, d'un dessin peut-être un peu mou, mais d'une couleur distinguée. Le tableau de M. Hugrel nous offre les mêmes qualités à un degré supérieur, et sans le défaut de mollesse. Bon tableau, fait à bonne école, et qui se sent de son origine. Je ne vois jamais un travail des élèves de M. Gleyre sans me demander quels déboires, quelles injustices ont éloigné de nos expositions ce peintre exquis et ce maître d'un goût infaillible.

M. Alma-Tadéma, qui s'est presque fait un nom par des chinoiseries, abandonne tout à coup la curiosité pour l'histoire : grave imprudence, mais utile enseignement et que je tiens à signaler. Les peintres qui débutent par des tableaux archaïques se persuadent aisément et font croire au public lui-même que tous leurs défauts sont voulus, que chaque erreur de dessin, chaque solécisme de perspective, chaque tâche est imitée des primitifs, et qu'il faut un mérite hors ligne pour arriver à faire si mal. Ils obtiennent des médailles, les administrations leur commandent des tableaux, ils prennent place dans les musées ; mais le jour où, soulevés par le succès, ils se risquent à peindre au naturel une figure nue ou drapée, on découvre avec stupéfaction qu'ils ne savent pas les premiers principes, l'orthographe de l'art ! Voyez cette grande frise où M. Alma-Tadéma, représente la sieste. Les noirs intenses qui trouent la toile en cinq ou six endroits attestent une ignorance enfantine. Les figures ne sont à aucun plan, le modelé des nus est incroyablement vide. Parmi les accessoires, il y a des roses qu'on dirait coloriées par une pensionnaire de couvent, et une statuette comme on les dessine au bout de deux leçons d'après la bosse. Et notez que tout cela est bien peint, car tout le monde sait peindre aujourd'hui. Jamais les procédés n'ont été si parfaits, la fabrication si savante. Sur mille peintres, français ou étrangers, qui travaillent à Paris, il y en a huit cents qui possèdent sur le bout du doigt la calligraphié de leur art ; il n'y en a pas vingt qui en sachent l'orthographe, et dans quelques années il n'y en aura plus un, car l'orthographe n'est pas un don du ciel ; on l'acquiert par un long et pénible apprentissage, sous la direction de maîtres savants, patients et dévoués. L'administration a supprimé tout cela d'un trait de plume ; l'orthographe des arts n'a plus d'école à Paris.

Jusqu'au jour où cette quasi-dynastie des beaux-arts s'est donné le luxe d'un coup d'état, la petite nation des artistes était soumise au régime aristocratique. L'Académie enseignait, dirigeait, encourageait, gourmandait, donnait les prix, jugeait les envois de Rome, ouvrait ou fermait â son gré les portes du Salon, et, pour suprême récompense, admettait dans son sein les bons artistes qu'elle avait faits. Elle en reçut plus d'un qui manquait de génie, mais pas un seul qui ne fut nourri aux fortes études, capable d'enseigner et de juger ; L'autorité de ce corps indépendant déparait un ordre de choses où la démocratie absolue fait bon ménage avec le pouvoir absolu. Les hommes arrivés par circonstance supportent impatiemment les partages et les compromis qui les obligent à compter avec le mérite. On veut être chez soi, jouir en paix de la toute-puissance, avoir raison, quoi qu'on fasse, et même ne fît-on rien du tout. Voilà, dit-on, les causes qui préparèrent en assez haut lieu la déchéance de l'Institut. Une certaine portion du public en fut complice, sauf à déplorer bientôt un mal irréparable.

Section II

On accusait l'Académie de se croire infaillible, de se montrer exclusive, d'officier un peu trop pontificalement. Il y avait quelque chose de fondé dans ces reproches ; mais, si l'on eût pris le temps de la réflexion et de la justice, on aurait vu que l'académie a des mérites plus grands que ses travers, qu'elle seule pouvait conserver les traditions de l'école française et prévenir la décadence de nos arts.

On l'a jetée au rebut, et avec elle ce sage, cet honnête et consciencieux pédantisme qui condamnait les débutants à apprendre l'orthographe avant d'imprimer prose ou vers. Les études d'après le nu, la méditation laborieuse des chefs-d'œuvre antiques, tout le travail ingrat, pénible, monotone, indispensable néanmoins, est délaissé. L'élève fait ce qu'il veut, sous les yeux trop indulgents d'artistes distingués, mais jeunes, occupés, affairés, absorbés par une production fébrile et enivrés de leurs succès personnels. Si quelque adolescent un peu mieux doué que les autres exécute de prime saut une pochade agréable, il l'envoie au Salon, se fait remarquer, vend, s'émancipe et quitte l'école. L'année prochaine, il aura des élèves ; tel est le train des choses d'aujourd'hui, et la lecture du livret nous en apprend de belles, sur ce chapitre. Que va-t-il enseigner, cet écolier trop tôt parvenu ? Tout ce qu'il sait, bien peu de chose. Il ferait cent fois mieux d'achever son éducation, de se remettre sur les bancs, d'apprendre tout ce qu'il ignore ; mais ce serait d'œuvre de plusieurs années : il est lancé, rien ne l'arrêtera, autant vaudrait dire au torrent de remonter vers sa source !

L'ignorance des premiers éléments ne nuit pas aux succès d'un certain ordre. Le public n'est pas connaisseur, il l'est moins que jamais, et il la sera de moins en moins, si rien ne change. On achète des tableaux pour faire parler de soi, et surtout pour les revendre avec un gros bénéfice ; mais on est souvent incapable de discerner les bons des mauvais. Où trouver un critérium hors de soi ? Dans le témoignage des journaux ? C'est l'anarchie, la fantaisie, la camaraderie et la réclame portées au plus haut point qui se puisse concevoir. Dans les distinctions officielles ? Rien n'est plus capricieux ni plus arbitraire : si l'on dressait la liste des peintres français par ordre hiérarchique, selon le nombre et l'importance des prix que ces éternels collégiens ont reçus du ministère, vous ririez trop. Le public amateur et spéculateur n'a donc qu'une ressource, c'est de régler son fanatisme sur la cote de l'hôtel Drouot et d'acheter les talents qui se vendent le mieux. La mode fait les prix, sans acception de mérite. On voit des tableaux enfantins poussés à des chiffres énormes par la même raison qui mit jadis à 1,800 francs les actions du Crédit mobilier : caprice, engouement, crédulité publique !

M. Ribot devient un quasi-personnage, M. Gustave Doré fait parler de ses moines et de ses Espagnols ; , on discute sérieusement *les Gueux* de M. Courbet, *les Saisons* de M. Smits, et personne ne pense renvoyer ces messieurs à l'école. Il est pourtant certain que, si on les réunissait autour d'un modèle nu, pas un d'eux ne serait de force à dessiner la modeste académie qu'on demande aux candidats de l'École polytechnique. Ils ne manquent pas de talent, notez-le bien. M. Ribot n'a pas encore noyé dans le cirage ses instincts de coloriste, mais ses personnages sont grotesques, difformes, faits de méchants morceaux qui ne tiennent pas même ensemble. M. Doré compose habilement une vignette, mais il ne sait pas mettre une figure à son plan, et dans cette foule de personnages qu'il ébauche au courant de la brosse vous ne trouverez pas un corps qui soit un corps, pas une tête bien construite ; l'orthographe est absente, et pourquoi ? Parce que l'artiste a produit trop tôt et que ses études élémentaires ont été coupées net par le succès. M. Courbet a pris la peine d'afficher qu'il ne doit rien qu'à la nature. Il est certain que la nature ne l'avait point disgracié ; mais il a gaspillé ces dons, qui sont pour ainsi dire la beauté du diable, au lieu de les fortifier par la bonne gymnastique des écoles, et maintenant, je le demande à ses admirateurs, à ses flatteurs, à ceux qui l'ont encouragé dans ce superbe dédain de l'étude, que reste-t-il de M. Courbet ?

Vous savez ce qui arrive aux ténors lorsqu'ils s'échappent du Conservatoire à dix-huit ans pour aborder le théâtre de plain-pied. De quelques dons que la nature les ait comblés, ils ne s'élèveront jamais au-dessus d'une honnête médiocrité, car le style ne leur viendra point tout seul ; ils ne jouiront même pas de ce demi-succès qu'ils ont sottement préféré à la gloire. Leur voix s'use et périt en peu d'années parce qu'ils ne savent ni la conduire ni la ménager. Même fortune advient aux peintres qui font l'école buissonnière au Salon avant d'apprendre l'orthographe. Dans le siècle de pacotille qu'on nous fabrique depuis vingt ans, c'est à qui trouvera les chemins les plus courts. On se dit : A quoi bon dessiner cinq ou six ans d'après l'antique ou d'après le nu, puisque je me destine à la peinture de genre, où le dessin savant, précis, intime, n'est pas de rigueur ? A plus forte raison les paysagistes dédaignent-ils le tracas des exercices scolaires. « Nous n'avons pas besoin de savoir dessiner, nous ! Il suffit que nous ayons l'instinct, qui vient tout seul, et que nous sachions peindre, ce qui est l'affaire de deux ou trois ans. » — Eh ! bonnes gens, pourquoi les vieux maîtres, que vous n'égalerez jamais, commençaient-ils tous indistinctement par l'étude approfondie de la figure humaine ? Parce que rien n'est plus difficile à dessiner et à peindre, et que celui qui peut le plus peut le moins. C'est une longue et fatigante étude de la peinture d'histoire qui a formé nos meilleurs peintres de genre. Ils ont reçu de leur art la véritable éducation et non cet enseignement professionnel que les jeunes peintres d'aujourd'hui limitent au strict nécessaire.

Y a-t-il un artiste plus complet que M. Gérôme ? L'histoire, le portrait, le genre, le paysage, il embrasse tout avec la même aisance. L'antique et le moderne, le sacré et le profane, l'Orient et l'Occident, lui sont également familiers. J'avoue que la nature a beaucoup fait pour lui en le créant ingénieux au suprême degré. Il est certain aussi que son activité virile, sa curiosité infatigable, cette heureuse et louable inquiétude qui le pousse à chercher incessamment des voies nouvelles, entrent pour quelque chose dans son succès ; mais la nature l'aurait doué vainement, et sa vivacité d'esprit se trémousserait en pure perte, si son talent n'avait pour base de fortes études. Il peut se tromper quelquefois ; la conception de tel ou tel ouvrage ne contentera qu'à moitié le public et lui-même ; néanmoins il n'a jamais exposé un tableau qui n'attestât en même temps l'originalité de sa nature et la solidité de son instruction.

On s'est un peu récrié sur la donnée du tableau qui représente Jérusalem après la mort du Christ. L'escamotage des trois croix, dont nous ne voyons que les ombres, est fort discuté, l'éclairage paraît singulier à ceux qui oublient que le soleil s'éclipsa dans cette journée ; mais le panorama de Jérusalem au dernier plan est magnifique, les terrains du Calvaire sont dessinés de main de maître, les petits personnages qui regagnent la ville sont esquissés avec une justesse infaillible, et la somme des qualités qui sont propres à M. Gérôme est entière dans ce tableau.

Il s'en est peu fallu que le maréchal Ney ne fût expulsé du Salon par ceux-là mêmes qui lui doivent le plus, car le sang du brave des braves a rejailli en popularité sur le parti bonapartiste. Deux peintres et un sculpteur s'étaient rencontrés par hasard sur le terrain sinistre du Luxembourg à la date du 7 décembre 1815. L'administration trouva mauvais qu'on évoquât un pareil souvenir, elle remontra poliment aux artistes que les plus hautes convenances s'opposaient à l'exhibition de cet assassinat juridique. On prétend que l'un des trois, je ne sais lequel, répondit : « Aimez-vous mieux que j'expose le duc d'Enghien ? » Ce singulier débat, où l'administration, montra moins d'esprit qu'à l'ordinaire, se continua jusqu'à l'ouverture du Salon. Le 1er mai, M. Gérôme, membre du jury, ne savait pas encore s'il était reçu ou refusé. Il était reçu, et M. Jacquemart aussi, grâce au bon sens d'un haut personnage ; mais M. Armand Dumaresq, qui avait manqué d'énergie et repris son tableau, resta dehors. L'œuvre de M. Gérôme est d'une vérité poignante. Ce jour triste, ce terrain fangeux, ce mur sale, ces soldats, criminels malgré eux, qui s'éloignent la tête basse, ce volontaire de bonne maison qui commanda le feu sans y être forcé et qui regarde sournoisement son ouvrage, tout répond exactement à l'idée que nous nous faisions du drame. Et sur le premier plan, Michel Ney, ce *lion rouge*, qui serait la plus belle figure de l'empire, après Beauharnais, s'il avait eu autant de caractère que de courage, est aplati dans la boue comme un paquet tombé d'une voiture et qu'on oublie de ramasser. L'expression produite est nette, forte et durable.

Les *Centaures* de M. Fromentin sont un essai hardi, qui n'était à la portée d'aucun autre paysagiste. M. Corot a risqué deux ou trois fois des figures de cette importance, il est resté à cent lieues de cette perfection et de cette beauté. C'est véritablement un tableau d'histoire encadré dans un paysage d'une harmonie et d'une suavité rares. Sur le sujet pris en lui-même, on peut gloser. Pour ma part, je ne vois pas sans répugnance cet animal hybride qu'on appelé une centauresse. Le centaure me choque moins, soit qu'il tire de l'arc, soit qu'il se batte à coups de massue dans les métopes du Parthénon, soit même qu'il galope sous Achille en lui prêchant la sagesse : il n'y a que des objections physiologiques contre la représentation de ce mammifère à deux ombilics et à quatre bras ; on l'accepte, quoique impossible, par déférence pour les Grecs, qui l'ont inventé ; mais lorsqu'il plaît à nos contemporains d'accoupler un monstre si bizarre, lorsqu'un peintre nous montre une centauresse belle, blonde, coquette ; traînant sa robe à queue sur le premier plan du tableau, une susceptibilité peut-être exagérée nous met en défense contre les séductions trop féminines d'un élément bestial. La vue de ces ménages souriants et ruants éveille dans l'esprit des imaginations de la dernière incohérence où le haras envahit le boudoir. Ces réserves dûment faites, il faut admirer sans autre restriction les grâces naturelles et savantes que M. Fromentin a prodiguées dans son œuvre, la sérénité de ce beau ciel, le charme hospitalier du site, l'arrangement du groupe, la tendresse de la coloration générale et le beau caractère du dessin. Les montagnes sont peut-être légèrement cotonneuses, c'est un défaut qu'on retrouve parfois chez M. Fromentin et même à deux pas d'ici, dans son tableau des *Arabes attaqués par une lionne*.

Le public du Salon fait une immense popularité à deux figures de femmes que M. Marchal intitule un peu précieusement, selon moi, *Pénélope et Phryné*. Ne fourrons pas les souvenirs de l'antiquité où ils n'ont que faire. Un Beauceron et une Beauceronne en sabots qui s'embrassent dans une grange ne seront ni mieux ni plus mal, si le livret les nomme Daphnis et Chloé. Les deux femmes de M. Marchal sont deux Parisiennes d'aujourd'hui, Parisiennes jusqu'au bout des ongles et jusqu'au dernier fil de leur toilette. L'auteur de *la Foire aux servantes*, du *Cabaret de Bouxwiller*, du *Choral de Luther*, du *Printemps* et de tant d'autres œuvres charmantes dont l'Alsace avait fourni les motifs, a voulu prouver un matin qu'il n'avait point perdu ses droits de cité parisienne, et que le succès ne l'avait point asservi à tin seul genre. Il s'est donné la tâche de peindre une femme du monde et une demoiselle en dehors du monde, l'une sous des traits et des couleurs qui font paraître la modestie aimable et la vertu séduisante, l'autre sous un aspect qui ne doit pas inspirer l'horreur du plaisir. La première est une compagne que l'on choisirait pour la vie, l'autre est de celles qu'on ne regrette point d'avoir accompagnées une ou deux fois jusqu'à leur porte vers l'heureux âge de vingt-cinq ans. M. Charles Marchal a fait preuve d'un goût parfait et d'une rare mesure. Ses deux figures disent exactement ce qu'elles ont à dire, rien de moins, rien de plus. La femme de bien n'est pas prude, la Phryné, — comme aurait dit M. Prudhomme — n'est point effrontée. Le seul délit de provocation qu'on puisse mettre à sa charge est commis par son bas de soie et son petit soulier. L'exécution de ces deux tableaux est vraiment supérieure ; ils ne valent pas seulement par l'esprit, par la finesse d'observation, par un vif sentiment du pittoresque moderne et parisien, que M. Marchal partage avec MM. Alfred Stevens et Toulmouche. On sent, derrière les qualités agréables, la forte gymnastique de l'école et les études de l'atelier Drolling, où l'on n'improvisait pas la peinture.

Le Retour du mari, par M. Victor Giraud, obtient un grand succès, et je suis d'avis qu'il le mérite. L'habileté du jeune peintre est à la hauteur de son audace. Il a fait un tableau dramatique, vivant, qui s'explique sans commentaire et produit son maximum d'effet à la première vue. Ne dédaignons pas l'action, elle a son importance en peinture, et celui qui n'est pas capable de traduire les mouvements énergiques du corps humain ne sera jamais qu'un demi-maître. Les trois personnages du tableau sont justes de tout point et dans leur rôle, le mari qui tue, l'amant qui tombe et la femme qui s'évanouit. Tout cela est suffisamment dessiné, et peint avec une expérience précoce : il y a certain velours bleu !... mais pourquoi délayer une scène de la vie privée sur une toile de cette grandeur ? A quelle échelle M. Giraud peindra-t-il le nu, s'il donne au genre les proportions de l'histoire ? Dix centimètres carrés de velours bleu suffisent à démontrer que vous savez faire le velours bleu ; la pièce entière, s'il vous plaît de la copier, ne nous en apprendra pas davantage. Les peintres dramatiques du XVIIIe siècle, à qui vous empruntez la physionomie trop farouche de ce mari et ses yeux hors de la tête, ne jouaient pas le drame intime sur un si grand théâtre ; ils ménageaient la toile et faisaient bien. *Le Mariage in extremis* de M. Firmin Girard est-il moins regardé et moins loué parce qu'il se réduit à la dimension la plus modeste ? Au contraire, ce petit drame touchant, discret, qui joint à ses mérites très réels le piquant du mystère, paraîtrait fourvoyé dans un grand cadre scandaleux.

Le *Satyre* de M. Delort, le *Baptême de sauvages aux îles Canaries* par M. Leloir, *la Sérénade* de M. James Bertrand, *la Lecture de la*

Bible par M. Brion, les *Lapons* de M. Bource, les *Idylles* de M. Lévy sont dans la juste dimension qui convient à ce genre d'ouvrages. C'est le *genre* bien compris, quelle que soit l'inégalité des talents qui s'y appliquent. M. Delort et M. Leloir ont peut-être l'étoffe de deux peintres d'histoire, tout dépend de leur patience et de leur modestie ; ils sont perdus, s'ils croient n'avoir plus qu'à produire quand il leur reste beaucoup à apprendre. M. Delort est presque un écolier, mais spirituel et doué d'une couleur vraiment aimable. M. Leloir est plus complet, plus fort, avec un peu moins de charme inné. Le sujet qu'il a traité fut donné en programme à certain concours du prix de Rome et refusé par les élèves comme trop savant pour leur jeune érudition ethnographique. Je suppose que le ministère a commandé le tableau à M. Leloir pour que l'idée neuve et pittoresque que l'école avait rejetée ne fût pas tout à fait perdue. L'expérience a réussi ; la toile de M. Leloir tiendrait son rang dans la collection si curieuse des prix de Rome. *La Sérénade* de M. Bertrand est une jolie composition, traitée d'une main légère, dans un sentiment tendre et doux, — un vrai sourire de la jeunesse.

M. Brion est un homme fort avancé dans son art. Il ne s'amuse pas à rétrograder par bravade ou par mépris du public, comme M. Muller, qui peint des Desdémone et des écoliers plus dignes d'un café chantant que d'un musée. S'il se trompe quelquefois, c'est en cherchant des voies nouvelles, comme le jour où il s'avisa de noyer le créateur dans un océan de crème ; mais, lorsqu'il rentre dans son domaine, il excelle. Sa *Lecture de la Bible* chez les protestants d'Alsace est un tableau complet et l'un des meilleurs assurément qu'on nous ait offerts cette année. Avec moins de savoir, mais beaucoup d'esprit et de goût, M. Bource, un peintre belge, nouveau chez nous, si je ne me trompe, a retracé deux jolies scènes de la vie laponne. M. Emile Lévy, toujours sentimental et toujours inégal, se trompe assez régulièrement un an sur deux. 1868 n'est pas une de ses bonnes années. Ses *Idylles* représentent deux éphèbes mous et beurrés, dont un aveugle, en conversation vagabonde avec deux poupées de porcelaine.

MM. Vibert, Worms et Zamacoïs, — je ne saurais les séparer, tant ils se ressemblent, et je suis bien tenté de leur adjoindre le Romain Simonetti, — poussent la peinture de genre à la caricature. Ils le font avec beaucoup d'esprit ; *le Barbier ambulant* de M. Vibert et *les*

Trinitaires de M. Zamacoïs sont deux charmantes compositions, bien peintes, puisqu'il est en tendu que tout le monde sait peindre aujourd'hui, mais d'un badinage qui dépasse imperceptiblement les limites de l'art. Le tableau de M. Simonetti a le tort d'être beaucoup trop grand pour une simple charge ; les plus courtes folies sont les meilleures, dit-on.

Le comique en peinture est une erreur. Il attire, amuse et désarme le public souvent ennuyé de nos expositions, il fait excuser les plus énormes défauts de l'artiste par des juges qui ont ri ; mais songez qu'un tableau est destiné à faire séjour dans quelque galerie, mettez-vous à la place de l'amateur qui serait condamné à s'amuser dix ans d'une drôlerie même excellente, il en mourrait. Une pointe d'*humour* est permise dans la peinture à l'huile, pourvu qu'elle soit l'accessoire et non le principal de l'œuvre ; il faut la racheter par un monde de qualités sérieuses. Les peintres qui réussissent par l'esprit arrivent vite à penser, comme M. Biard, que l'art n'exige rien de plus, et ils tombent vous savez où. Je ne dis pas cela pour M. Jundt, qui tient son sérieux cette fois, contre l'ordinaire. Il a fait deux aimables compositions ; mais ses tableaux sont trop grands pour ce qu'ils montrent. Lorsqu'on traite le genre dans les mêmes proportions que M. Jules Breton, il faut avoir le beau dessin et la riche couleur de M. Breton dans sa *Récolte des pommes de terre*. Les tableaux de M. Jundt, qu'on dirait peints sur guipure, sont baignés dans une brume qui dissimule, mais seulement à moitié, l'insuffisance du dessin.

L'*Atelier* de M. Brandon, trop grand aussi, nous rappelle de loin, de très loin, une des compositions les plus françaises d'Horace Vernet. C'est une toile intéressante, mais peinte un peu par-dessous jambe. Les figures y sont *touchées* plutôt que dessinées ; un artiste du bon vieux temps reprendrait cette esquisse et en ferait un joli tableau. *La Part du Capitaine* atteste un progrès continu chez cet homme de goût, ce délicat et ce lettré qui s'appelle M. de Beaumont. L'*Effet de neige* de M. Chenu est l'œuvre consciencieuse et déjà forte d'un jeune homme qui promet beaucoup. Il y a un notable avancement dans la toile que M. Gaume intitule spirituellement *Au Salon*, M. Gaume avait exposé l'année dernière un grand tableau intéressant par mille qualités naïves, mais presque aussi remarquable par ses défauts. Il nous montre aujourd'hui trois promeneuses du Salon, arrêtées devant sa première œuvre, et il ajoute : *Souvenir de 1867*. Rien de plus ingénieux, ce me semble, que cette façon de prouver qu'on a gagné dix ans d'expérience en moins d'un an. Le tableau de l'année dernière était d'un écolier ; quelques parties de celui-ci, notamment la tête et le buste de femme, sont d'un artiste.

Quatre autres débutants, ou peu s'en faut, MM. Roybet, Jacquet, Regamey et Clairin, méritent un moment d'attention. M. Roybet a débuté en 1866 par un coup d'éclat ; je n'ai qu'à fermer les yeux pour revoir son fou menant deux dogues en laisse. La figure était belle, d'un dessin très suffisant et d'une couleur éclatante. Il n'y eut qu'une voix dans le public pour acclamer M. Roybet. L'année suivante, il exposa deux figures mal accoutrées, d'une couleur assez malpropre et d'un type horriblement vulgaire. Il se relève aujourd'hui tant bien que mal. Ses petits joueurs de trictrac sont bien peints, cela va de soi ; mais la tonalité générale du tableau est assez morne. Les têtes ne manquent pas de finesse, mais les mains sont des pattes. J'ai grand'peur que M. Roybet ait quelque peu mangé son blé en herbe, suivant la mode qui s'établit chez nous. Peut-être restera-t-il toute la vie au-dessous de son premier succès, parce qu'il a réussi trop tôt, sans avoir un fonds suffisant, et qu'il ne s'est pas remis à l'école.

M. Jacquet s'est révélé par une œuvre très distinguée l'année dernière. Son premier tableau, *l'Appel aux armes*, promettait un fin coloriste et un dessinateur sérieux. Tout naturellement nous attendions l'auteur à son second ouvrage. Dirai-je qu'il a déchu ? Non, mais le progrès est peu ou point visible. Les lansquenets que la trompette appelait en 1867 défilent en 1868. C'est la suite du tableau précédent, sans qualités nouvelles. La toile est plus grande, je crois, il y a certainement plus de figures ; mais ces figures ne sont pas à leurs plans, et elles s'empilent les unes sur les autres au mépris de toutes les lois de la perspective. L'ambition du jeune artiste paraît avoir grandi, mais c'est tout. Je souhaite que MM. Regamey et Clairin profitent de ces exemples.

L'un nous montre un groupe de cuirassiers assez crânes, drapés en coup de vent dans leurs manteaux d'un beau rouge sur des chevaux qui n'ont pas mauvaise tournure. L'autre a représenté des Bretonnes qui brûlent du varech avec des gestes de sorcières effarées. J'ai cru, dans le premier moment, qu'il s'agissait d'une métamorphose oubliée par Ovide, et que plusieurs de ces bonnes femmes avaient déjà les doigts effilés en varech. Les deux tableaux sont loin d'être parfaits, mais ils promettent. J'en augurerais bien pour l'avenir de MM. Clairin et Regamey, si nous n'avions pas l'habitude de vêtir les jeunes talents se nouer, à la suite de leur premier succès, par les raisons que j'ai déduites tout à l'heure. M. Reynaud, qui fut une de nos espérances, a fait un beau début suivi d'un plongeon trop prolongé. Il reparaît sur l'eau depuis deux ans, et ses *Vanneuses* sont une toile estimable et agréable ; mais il n'y a pas de progrès bien sensible entre le premier tableau de cet artiste et son dernier.

M, Tissot, qui s'était fait connaître comme un imitateur de M. Leys, a quitté les emplois secondaires pour se livrer à la recherche de son originalité. Il tâtonne encore un peu ; cependant il commence à se trouver lui-même. *Le Déjeuner* nous montre deux petits personnages de la fin du siècle dernier bien finement étudiés dans leurs types, leurs physionomies et leurs costumes. La scène est ingénieusement composée à la Meissonier. Quelques détails laissent à dire. Par exemple, on ne s'explique pas comment la vigne vierge qui perd ses feuilles a jonché le dessous de la table et des chaises, aussi bien que l'espace découvert ; mais le tableau est un morceau de valeur, et nous l'estimerions encore davantage, si l'artiste renonçait à cette coloration verdâtre qui semble enfermer ses sujets dans un aquarium. Même défaut à relever dans le gentil petit tableau de *la Retraite*, sans compter les erreurs de dessin, qui sont encore plus graves. Une caisse de tambour devrait être un cylindre ; M. Tissot a le tort d'en faire un cône tronqué. M. Albert Devriendt, compatriote de M. Leys, persiste dans les errements auxquels M. Tissot a renoncé. Il nous peint la *Vieillesse de la Vierge* en plein moyen âge flamand. A quel propos ? dans quel intérêt ? Il y a deux partis à prendre dans un sujet de cette nature : ou chercher la vérité historique, reproduire les mœurs, les costumes, les types du pays et du siècle, ce qui n'est pas difficile par le temps d'archéologie où nous vivons, ou suivre l'exemple des primitifs, qui habillaient les anciens à leur mode, parce qu'ils ne pouvaient faire mieux. M. Devriendt a compris qu'il se ferait moquer par ses contemporains, s'il représentait la vierge Marie en vieille bourgeoise de 1868, et saint Luc en notaire cravaté de blanc ;

mais croit-il échapper au ridicule lorsqu'il reporte à trois ou quatre cents ans cet anachronisme volontaire ? A quoi bon se donner tout le tracas d'une recherche minutieuse pour obtenir un résultat que l'on sait faux de tout point ?

Les limites de cette étude ne me permettent pas de m'étendre sur la production annuelle des artistes arrivés, qui ont donné leur mesure et qui s'y tiennent, comme M. Toulmouche, M. Saintin, M. Protais, M. L.-E. Lambert, *e tutti quanti*, gens de goût, hommes de talent, mais toujours égaux à eux-mêmes, quoiqu'ils ne se copient jamais. M. Mouchot, jeune peintre orientaliste d'un grand avenir, continue sa marche ascendante. On peut en dire autant de M. Legros, qui traite les sujets de demi-caractère religieux avec une gravité pleine de finesse. M. Viger, toujours spirituel et toujours érudit, continue à dessiner d'un trait juste, un peu dur, les petites fêtes intimes du directoire. Il vit dans ce temps singulier où Mme Récamier dansait la gavotte au son du cor et du clavecin ; il fréquente les héros en pantalon collant et les demi-déesses en tunique transparente. Son faire minutieux, sa couleur aigrelette, accentuent la saveur étrange de ces antiquités d'hier, dont les derniers témoins ne sont pas morts. M. Heilbuth, qui allait être nommé caricaturiste en titre du sacré-collège, a tout à coup changé de genre, et mal lui en a pris. Son tableau de *Job* est une piètre caricature des grandes qualités de Rembrandt. M. Lewis Brown promettait, il déjoue toutes nos espérances. Le mieux qu'on puisse dire de son meilleur tableau, c'est qu'il est fade. L'autre, qui représente un escadron de cuirassiers sous Louis XV, n'est pas même une ébauche passable : ouvrage de fabrique, et malproprement fabriqué ! Il y a beaucoup de va-et-vient dans la peinture de genre. Tandis que M. Brown, qui s'était annoncé comme un peintre militaire, s'embourbe dans ses terrains du premier plan, je vois poindre un jeune élève de M. Meissonier qui pourrait bien passer maître un jour ou l'autre. Il se nomme M. Détaille, et il a exposé une *Halte d'infanterie*, vrai bijou.

Section III

Savez-vous pourquoi l'art du portrait se soutient mieux dans notre décadence que la peinture d'histoire ? C'est que le portrait par lui-même est une école hors de l'école. On y travaille d'après le modèle, et non de mémoire ou d'imagination. On n'y peut pas improviser, il faut recommencer, corriger, parfaire, jusqu'à ce qu'on arrive au moins à la ressemblance ; or il n'y a pas de ressemblance sans un peu de dessin. Dans l'école dont il s'agit, tout le monde est professeur, le modèle, ses parents, ses amis, les passants, les fournisseurs, les domestiques. C'est à qui donner à son avis, à qui prendra le rôle que l'Institut jouait autrefois. L'habileté matérielle, c'est-à-dire l'art de tripoter savamment la pâte et la sauce, ne saurait remplacer ici les autres mérites. Lorsqu'il ne s'agit que d'un tableau, l'amateur est coulant. « Cela n'est pas fort de dessin, mais facture excellente, cuisine exquise ; quel ragoût ! » Le même homme devient intraitable dès qu'on le met en présence de son portrait, il n'y a pas de ragoût qui tienne. « Très jolis, vos empâtements, vos frottis sont subtils et vos glacis sont très savoureux, mais le premier devoir d'un portrait est de ressembler au modèle ; je n'ai jamais eu ce nez-là ! » Dans cette révolution qui a enlevé tous les arts à leurs tuteurs naturels, le portrait est resté sous la sauvegarde de la vigilance privée.

Le portrait de l'amiral Jaurès, par M. Lehmann, est un spécimen de cet art réfléchi, consciencieux, savant, dont notre Académie de peinture conservait autrefois la tradition et propageait la méthode. Le portrait ne doit point arrêter les gens par les bras ; il a sa dignité. M. Lehmann, qui peint aussi brillamment que personne, lorsque tel est son bon plaisir, réserve les tons joyeux de sa palette pour les portraits intimes qui n'appartiennent point à l'histoire. Lorsqu'il se trouve en présence d'un personnage, il s'arme du goût le plus austère, et choisit avec soin dans son modèle les traits caractéristiques, le solide de l'homme ; il fait la part de la postérité. Ces portraits historiques ont un charme sérieux et puissant, ils attachent plutôt qu'ils n'attirent, on y revient souvent, et l'on y trouve toujours du nouveau. C'est un art concentré qui ne dit pas son dernier mot aux passants, mais qui en apprendra bien long à nos arrière-petits-fils sur les notables de ce siècle.

Le portrait du prince de M. S. par M. Giacomotti est conçu dans un tout autre esprit, mais parfaitement heureux en son genre. Vous diriez qu'il s'est fait tout seul, et qu'un jeune homme de bonne mine, riche, brillant, content de vivre, est entré par hasard dans l'atelier du peintre, a fumé une cigarette, raconté une histoire, ri un bon coup et oublié sa tête en sortant, comme un autre oublie sa canne ou son chapeau.

Les grandes dames qui honorent M. Cabanel de leur confiance n'ont pas eu la main heureuse cette année. L'auteur de tant de portraits justement admirés se livre à des exercices de demi-teinte dont ses modèles ont à pâtir. Voilà deux beaux visages déformés par un malencontreux emploi du clair-obscur. L'ombre fait coup de poing sur la joue et dépare des ouvrages fort distingués d'ailleurs et de haut style. M. Jalabert, M. Landelle, M. Chaplin, ont réussi comme à leur ordinaire, mais sans se surpasser eux-mêmes. MM. Winterhalter et Pérignon continuent à embellir les plus belles personnes de la plus belle moitié du genre humain ; laissons-les faire.

M. Edouard Dubufe nous ménageait une surprise. Il faut lui rendre cette justice qu'il ne s'est jamais endormi sur son oreiller de roses. Ce peintre en titre des élégances mondaines contente plus aisément son public que lui-même. Aujourd'hui il nous montre deux portraits d'homme qui sont jusqu'à nouvel ordre ses deux meilleurs ouvrages. Le prince P. D. rayonne de beauté et de jeunesse, il a tout à fait grand air. Le portrait de M. Hippolyte Mosselmann est d'un nerf et d'une vigueur remarquables, un peu sec peut-être, mais vivant, spirituel et gai, l'*humour* en personne naturelle.

Une bien jolie tête d'enfant signée de M. Glaize fils, un bon portrait de femme par M. Lobrichon, une curieuse imitation de Goya par M. de los Rios, un beau bourgeois, bien carré, bien vigoureux et très malin, rendu au vif par M. Bonnegrâce, un Théodore de Banville quelque peu surchauffé au feu qui brûle chez M. Dehodencq, un estimable *Ingres* par M. Haro, un fort bon portrait d'homme par Mme Anselma, se recommandent à votre attention par des mérites très divers. Ceux de M. Glaize fils et de M. Lobrichon sont particulièrement remarquables ; mais parmi les talens nouveaux, si j'avais à les classer, je donnerais le second rang à M. Regnault, auteur d'un grand portrait rouge d'une tournure et d'une couleur magistrales, et le premier à Mlle Nélie Jacquemart. La rencontre d'un requin dans une bavaroise au chocolat n'est guère plus invraisemblable que celle d'un talent viril et mûr sous le chignon d'une jeune et jolie Parisienne ; mais il faut s'incliner devant l'évidence du fait. Si nous avons quelques auteurs qui commandent leurs livres et leurs pièces à des mercenaires, si plusieurs peintres de genre et même d'histoire se font aider ou suppléer par des gagistes anonymes, le peintre de portrait ne peut tromper personne ; il a ses modèles pour témoins. C'est donc Mlle Jacquemart et elle seule, qui a peint ce portrait vivant et vigoureux de M. le président Benoît-Champy, c'est elle qui, sans collaborateur et sans conseil, a composé, exécuté, achevé ce portrait de Mlle G. B., si noble et si fier, si doux et si triste, où les splendeurs, les grâces et les vivacités de la jeunesse se cachent à demi sous les voiles d'un grand deuil. Il ne faut point désespérer d'un sol qui produit de tels artistes, mais souvenons-nous que le talent ne naît pas par génération spontanée. Le maître de Mlle Jacquemart est M. Léon Cogniet, un de ces vétérans de l'art sérieux que l'administration a bannis de ses écoles.

Section IV

Le paysage était jadis un art savant et compliqué ; il exigeait les mêmes études, ou peu s'en faut, que la peinture d'histoire. L'artiste composait un site ; il y faisait entrer un grand nombre d'éléments divers, choisis avec le plus grand soin, qu'il avait étudiés chacun à part et mis en réserve. Forêts, rochers, rivages, vallons, troupeaux, palais, ruines, chaumières, costumes, types, étaient les matériaux dont on composait un paysage. Les artistes pensaient à tort ou à raison que le premier coin de terre venu n'est pas l'étoffe d'un tableau et qu'avant de prendre la brosse il faut avoir en provision tout un choix d'objets intéressants. Lorsqu'on rencontrait par hasard dans la nature une réunion de belles choses bien groupées, on disait : « Voilà un site pittoresque, » c'est-à-dire digne d'être peint, semblable à ceux qui fixent le choix des vrais artistes. L'Italie était citée à bon droit comme un des coins les plus pittoresques de l'Europe ; aussi prenait-on soie d'y envoyer les étudiants voués au paysage. Nous avons changé tout cela.

Quelques hommes remarquablement doués, mais d'une instruction peut-être insuffisante, ont couru au succès par des chemins de traverse. Ils se sont dit qu'on pouvait foire un bon tableau sans le bourrer de détails recueillis aux quatre coins du monde. Quelques arbres, un bout de pré et une vache accroupie dans l'herbe par un beau soir d'automne suffisent à former un ensemble intéressant. Si les derniers rayons du soleil dorent à l'horizon quelque nuage de forme imposante, si l'artiste, pénétré de son sujet et rompu à la pratique de son art, a su traduire les riches couleurs de la forêt jaunie, s'il a rendu la douce mélancolie qui s'exhale de la saison, de l'heure et de la solitude, il est sûr de plaire au public ou du moins à l'élite des délicats. Or il n'y a pas une heure du jour qui n'ait son caractère, pas une saison de l'année qui n'ait sa poésie, pas un lieu du monde qui n'offre un certain intérêt. On peut donc réussir dans l'art du paysage sans sortir de la banlieue ; le tout est de sentir et d'interpréter la nature, telle qu'elle est et se comporte autour de nous. Les premiers peintres qui ont fait ce raisonnement à Paris étaient d'habiles coloristes ; ils sont arrivés au moment où le public avait soif de couleur. Ils avaient le sens poétique, ils ont trouvé un public ivre de poésie. La vieille école du paysage historique n'avait pour elle que la science du dessin et le sens du grand ; elle affichait un fier dédain pour les suavités de la couleur et les mollesses poétiques de l'art : aussi fut-elle battue à plat et l'on se partagea ses dépouilles.

L'école de Barbizon découperait vingt paysages dans un Bertin ou un Desgoffe. La moindre bribe de nature est matière à tableau, pourvu qu'on sache peindre et rendre une impression. Les sujets sont passés de mode, il n'y a plus que des effets : effets de soir, effets de lune, effets de nuit, effets de brouillard, effets de neige, effets de pluie, effets d'automne, effets d'hiver, effets de toutes les saisons, impressions de froid, de chaud, de tristesse, d'horreur, de gaîté printanière. Tous ces effets ne sont pas nécessairement observés par celui qui les rend ; rien ne prouve que les diverses impressions qui nous sont transmises soient personnelles à l'auteur : on a brisé les vieux poncis, mais on en a fait de neufs.

Le monde nous envie l'éclat de cette école ; il a raison en ce sens que nous sommes devenus terriblement habiles. Nous excellons à peindre, nous sommes coloristes, nous débitons, bon an mal an, cinq ou six mille pochades, peu dessinées, il est vrai, mais qui sollicitent le passant aux étalages, et que l'on achète par surprise, à première vue, pour ne plus les regarder, car on les écrème d'un coup d'œil, et il n'y reste rien après. Les maîtres de cet art supportent plus longtemps la vue, parce qu'ils ont étudié dans leur jeunesse et qu'ils mettent quelque chose au fond de leurs tableaux. M. Corot n'est pas seulement un fin coloriste et un charmant poète, il dessine à peu près, lorsqu'il veut s'en donner la peine. Je ne répondrais pas de M. Daubigny, mais qu'importe ? L'à peu près suffit dans cette spécialité désormais secondaire. Nos petites études d'après nature sont charmantes, et nous pouvons en inonder l'Europe et l'Amérique, pour peu qu'on nous défie. Tandis qu'un petit nombre d'obstinés s'escriment à faire entrer tout l'univers dans un tableau, je vois naître une légion de jeunes campagnards qui abattront une pochade par jour, sans savoir dessiner, ni même lire.

En attendant, jouissons de notre reste. Nous avons M. Corot, qui est un maître incomplet, mais un maître. M. Desgoffe dessine encore excellemment ; pourquoi faut-il que sa couleur porte le deuil de la nature entière ? M. Belly est tout à fait supérieur cette année dans son tableau du *Soir en Égypte*. Il est permis d'aborder une grande toile lorsqu'on peut la remplir de beaux objets bien dessinés. Les immenses tableaux à moitié vides ou comblés de détails insignifiants, comme le *Lever de lune* de M. Daubigny, me rappellent ces festivals où deux mille chanteurs s'enrouent à chanter une ariette. Les deux tableaux de M. Bellel, quoique assombris et fatigués par l'excès des retouches et la fureur de trop bien faire, sont fort intéressants. Le beau dessin se marie à la bonne couleur dans la *Vue d'Ostie*, par M. de Curzon. M. Imer a un bien joli *Chemin de Crozant*, où un certain précepteur en soutane conduit deux garçons par la main. Espérons que l'aimable artiste n'a pas symbolisé l'avenir de la France. Les *Genêts* de M. Bernier, l'*Enfant prodigue* de M. Penguilly, les deux marines de M. Clays, l'*Épisode de naufrage* par M. Feyen-Perrin, les *Ramasseurs de varechs* de M. Héreau, *la Neige* de M. Emile Breton, le *Sous bois* de M. César de Cock, sont des ouvrages d'un vrai mérite. M. Hanoteau, quoique un peu lourd, se soutient ; M. Harpignies s'élève, M. Flahaut prend du style, M. Chintreuil excelle à modeler les plans à peine visibles de nos plates banlieues, M. Daubigny fils arriverait à quelque chose, si son travail n'était pas scandaleusement lâché. J'aurais quinze ou vingt peintres à citer à la suite, puis cinquante autres qui vraiment ont quelques qualités, puis cent cinquante nouveaux qui ne sont par trop maladroits, et quand j'aurais fini, on me ferait observer que j'en ai oublié une centaine : c'est pourquoi je m'arrête ici.

L'administration des beaux-arts a décidé que, Barbizon n'étant plus qu'à deux heures de Paris, ce serait gaspiller les fonds de l'état que d'envoyer de temps à autre un paysagiste à Rome. Grand bien nous fasse ! Parlerai-je des fleurs et des fruits de M. Maisiat, du gros bouquet frais et brillant que M. Philippe Rousseau nous envoie, du cerisier de M. Méry, morceau de peinture excellent, mais tableau Quatre fois trop grand en raison de ce qu'il contient ? Les plus belles fleurs du Salon sont peintes sur deux plats de faïence par Mme Eléonore Escallier. Le Japon nous les envierait, et c'est beaucoup dire. Qui sait si cette artiste vraiment artiste, mais, hélas ! plus remarquable que remarquée jusqu'ici, n'a pas conquis la renommée et l'indépendance en essayant sur émail ce qu'elle fait admirablement sur toile ? M. Blaise Desgoffe, toujours fin, toujours fort, mais toujours un peu sec et pointilleux, a vu surgir un concurrent de taille colossale : c'est de M. Vollon qu'il s'agit. Ce tableau de nature morte, qui représente une collection de haute curiosité, est lui-même une pièce de premier ordre. Il faudrait remonter jusqu'à Chardin pour trouver un Français aussi habile à peindre largement les choses fines.

Et maintenant, si j'avais à donner un avis sur le présent et l'avenir de la peinture française, je dirais qu'en peinture comme en mainte autre affaire nous achevons de manger les économies des régimes précédents. Les grands artistes qui s'en vont ne sont pas remplacés, ou ne le sont qu'à demi, et ce n'est pas l'enseignement de la nouvelle École des Beaux-Arts qui nous en formera d'autres. Les jeunes générations tendent à substituer aux grandes et fortes études un simple apprentissage. Avec la perfection miraculeuse des procédés, la division du travail, cette loi de l'industrie moderne, envahit peu à peu la peinture. Le temps n'est peut-être pas loin où tel peintre de genre fera et refera toute sa vie une femme au coin du feu, et toujours la même, et la sienne, ce qui lui permettra de produire un œuvre considérable sans sortir de chez lui. Tel peintre de marine se consacrera tout entier à un petit coin de rivage et recommencera jusqu'à la mort la même eau, le même ciel et le même rocher. Le paysagiste aura son petit coin de campagne qu'il tirera sans peine à soixante exemplaires par an. Chaque peintre, n'ayant plus qu'une seule chose à apprendre, deviendra d'une force incroyable dans sa spécialité, et nous justifierons cette, parole de M. Thiers : la France est supérieure dans les produits supérieurs ; seulement il n'y aura plus d'art français.

Section V

La sculpture est un métier long à apprendre, dur à pratiquer, peu goûté du public, et qui nourrit mal son homme. Les statuaires ne s'improvisent pas ; on dit qu'ils sont arrivés jeunes, lorsqu'ils font parler d'eux à quarante ans. Ils vivent en général tristement, dans des ateliers humides où le beau monde ne vient guère papillonner. Leur compagnie de tous les jours, c'est le modèle, un Parisien cagneux et décharné qu'ils redressent et remplument de leur mieux pour en faire un Grec antique. Il n'y a point de procédé ni d'habile tricherie qui dissimulent les défauts d'une statue mal modelée ; le sculpteur incomplet ne peut pas se tirer d'affaire comme un peintre en nous jetant de la poudre aux yeux. Il faut donc travailler, retravailler et suer longtemps pour créer la moindre chose. Un marbre est le produit de trois enfantements successifs. Cependant le plus difficile n'est pas de le faire, c'est de s'en défaire. Il n'y a pas de clientèle privée, ou presque pas. Par ces raisons, notre sculpture est en meilleur point que notre peinture. Elle se démène, elle souffre, elle lutte contre l'impossible, elle est dans les conditions héroïques de l'art. Elle a mieux résisté que la peinture aux diverses fatalités qui nous poussent vers la décadence. MM. Perraud, Thomas, Guillaume, Gumery, Crauk, Carpeaux, Cavelier, auraient tenu leur rang dans la grande promotion de 1830. Le *Faune* de M. Perraud, réexposé en bronze par le fondeur, peut émigrer au musée Bourbon, à Saint-Jean-de-Latran ou aux Offices de Florence ; il ne sera déplacé nulle part. M. Carrier-Belleuse, en dépit de sa fécondité inquiétante, a le sens de la sculpture monumentale. Peut-être ne lui manque-t-il qu'une occasion favorable pour devenir le Rauch français.

L'exposition du rez-de-chaussée fourmille d'œuvres distinguées, intéressantes, qui représentent une notable somme de talent et de travail. C'est d'abord et par-dessus tout le *Discobole* de ce jeune et malheureux Deschamps, qui a vécu juste assez pour nous promettre un grand artiste ; c'est l'excellent *Diogène* de M. Le Père, bien choisi comme type et exécuté de main de maître en certaines parties ; c'est *le Réveil du printemps*, par M. Cabet, marbre charmant, frais, jeune, mais un peu maniéré par malheur ; c'est le jeune *Martyr* de M. Falguière, cette merveille de grâce et de sentiment ; c'est *la Victoire* de M. Loison, qui rappelle un peu Canova, mais traitée avec un goût et un art plus qu'estimables. Vient ensuite la jeune garde, qui n'a pas encore tous ses galons, et qui les gagne. Le *Bacchus* de M. Tournois serait plus justement désigné comme un suivant de Bacchus. Ce n'est pas un dieu, mais c'est assurément un gaillard de belle tournure. Le *Jeune Homme agaçant un émerillon*, par M. Thabard, est plein de vivacité et de finesse. Le *Démocrite* de M. Delhomme est bien construit, le *Giotto* de M. Chervet plein de délicatesse. M. Carlier a mis un grand soin et un savoir distingué à sa figure de *la Cruche cassée*. La *Bacchante* de M. Caillé, la *Pénélope* de M. Maniglier, la *Première impression* de M. Frison, méritent des éloges.

Le marbre de M. Sanzel, *l'Amour captif*, est d'une allure franche encore qu'un peu commune, du reste habilement traité. Le *Narcisse* de M. Gautherin n'est qu'un modèle d'atelier, mais copié dans un assez bon sentiment. L'*Oiseleur* de M. Le Bourg et son *Enfant à la sauterelle* rachètent par une agréable exécution la niaiserie des sujets. L'*Abel* de M. Croisy, un peu trop inspiré du *Génie suppliant*, est néanmoins une bonne étude. Le *Faune* de M. Combarieu est une figure agreste qui fourmille d'heureuses intentions. M. Amy a exposé une allégorie du *Châtiment* qui n'est pas vulgaire, mais qu'en sortira-t-il à l'exécution ? Vous savez que le plâtre ; n'est que l'ébauche d'une statue. Le *Joueur à la toupie* de M. Perrey est consciencieusement étudié ; c'est l'idée qui en est pauvre. La *Jeune Romaine* de M. Bailly est faible d'étude, mais heureuse d'intention. Le petit pâtre italien de M. Moreau-Vauthier, *le Berger Tircis* de M. Bardey, sont d'agréables études ; il faut louer surtout les jambes du Tircis. Le plâtre de M. Scholl, *une Mère*, peut devenir excellent ; l'ensemble est vraiment bon.

La liste serait longue, si l'on voulait rendre justice à tous les jeunes talents ; il faudrait citer le *Retour des champs* de M. Emile Lambert, le *Jeune Saltimbanque* de M. Déloye, l'*Idylle* un peu pâle, mais gentille, de M. Janson, la statue de *Fauna* par M. Doriot, très bien ajustée, le *Joueur de sabot* de M. Dieudonné, le *Chasseur* de M. Perrault, le *Mousse naufragé* de M. Masson, et lorsqu'on aurait fini de classer, par ordre de mérite tous ces jeunes espoirs de la sculpture, il faudrait revenir sur les œuvres importantes des artistes arrivés, louer sans restriction cette belle statue du maréchal Pélissier, par M. Crauk, discuter les deux groupes équestres de M. Frémiet avec tous les égards qui sont dus au talent d'un artiste si distingué. Il y aurait de longues plaidoiries à rédiger pour et contre le maréchal Ney de M. Jacquemart, qui est en somme le grand succès du jardin, malgré ce scélérat de chapeau qui poursuit la victime sur toile et sur plâtre bien au-delà de la tombe ! Ensuite il resterait à faire une énumération homérique des bustes au front pur, aux yeux vagues, aux draperies savamment froissées. M. Perraud a jeté en fonte un Berlioz olympien, chevelu comme une comète. M. Crauk, M. Carpeaux, M. Gumery, M. Doublemard et dix autres ont exposé des bustes remarquables. M. David d'Angers fils a fait un assez bon médaillon de son illustre et honoré père. S'ensuit-il que M. Robert David soit dès aujourd'hui le Dumas fils de la sculpture ? Non, mais les qualités de ce premier ouvrage excusent suffisamment l'imprudence d'un tel essai.

Ces jours derniers, un solitaire qui arpentait mélancoliquement les grandes salles où pend l'architecture vit apparaître un visiteur. Dans le premier mouvement de sa surprise et de sa reconnaissance, il ouvrit les bras et s'écria : Enfin, monsieur, je rencontre un homme du monde qui s'intéresse à nos travaux ! Le nouveau-venu répondit : Vous vous trompez, monsieur, je suis du bâtiment. Ce n'est pas votre exposition que je viens voir, c'est la mienne… Le même fait se reproduit à peu près un jour sur trois. Le lendemain, il n'y a qu'un visiteur à l'exposition d'architecture, et le surlendemain, pas même un. Il suit de là que les architectes sont vraiment bons de présenter leurs travaux à un public qui ne vient pas les voir, parce qu'il est incapable de lire un plan, de comprendre une coupe et même d'apprécier la façade la mieux rendue. Les citoyens français ont encore une autre raison de délaisser tous ces grands cadres ; ils savent que les projets qu'on expose au Salon ne seront pas exécutés dans un puits, qu'on les rencontrera un jour ou l'autre au grand soleil, et qu'il sera bien temps de les juger lorsqu'ils auront pris corps. Ce que voyant, les maîtres de l'art n'exposent plus, mais exécutent, et laissent toute la place aux jeunes gens, qui s'y précipitent.

De tous les matériaux de construction, le papier est assurément le plus docile. Aussi rencontrez-vous en dix minutes de promenade deux ou trois temples grecs, deux maisons de Pompéi, un palais marocain, une colonne rostrale, une villa princière, un château impérial, trois théâtres, autant d'églises, une synagogue, un hôtel, un sanctuaire dédié à la Vierge en Algérie, sans doute pour l'édification des néophytes arabes, et une série de dessins évangéliques, par où nous commencerons, s'il vous plaît.

M. Charles Bossigneux, architecte en tout genre, qui construit la maison, décore l'appartement, dessine le mobilier, esquisse les vitraux, fait faire sur ses plans la vaisselle, les cristaux, l'argenterie et même les bijoux de madame, cet artiste invraisemblable et presque ridicule aujourd'hui, parce qu'il n'a voulu s'enfermer dans aucune spécialité, les ayant toutes, exécute pour la librairie Hachette toute l'ornementation des Évangiles in-folio. A part les caractères d'imprimerie, qu'il a dessinés un à un avec un goût digne de la renaissance, tout son travail est symbolique et presque hiéroglyphique. L'usage des figures lui est défendu ; il ne s'agit pas de faire concurrence à l'illustration proprement dite, qui sera l'œuvre de M. Bida. Il s'agit de nous expliquer par des ornements pittoresques que les lys ne travaillent ni ne filent, qu'il ne faut pas mettre la lumière sous le boisseau, que l'ivraie étouffe le bon grain, qu'il ne faut pas dire à son frère *raca* ! A la difficulté presque insurmontable de cette interprétation s'ajoute l'obligation de répéter quatre fois les mêmes sujets pour les chapitres correspondants des quatre évangélistes, de les varier, et pourtant de conserver partout le même style, la même égalité de crayon, le même sentiment religieux, pour faire de tout cet appareil une œuvre une et logique. Il y a bien longtemps qu'un artiste ne s'est mis en présence d'un tel problème. Les dix spécimens de dessins que M. Bossigneux a renfermés dans un seul cadre ne disent pas s'il l'a résolu jusqu'au bout, mais prouvent qu'il est de force à le résoudre.

Dans l'architecture antique, le travail de M. Moyaux est hors ligne. C'est un cadre qui contient sept magnifiques aquarelles sur l'acropole d'Athènes, toutes également exactes de dessin et justes de ton. Vient ensuite la *Maison de la muraille noire* par M. Joyau, huit fragments d'un beau dessin, d'une indication franche et hardie, puis la *Maison de Plinius Rufus*, rendue avec goût et conscience, mais un peu sèchement, par M. Letourneau. Le palais tunisien de M. Chapon, que nous avons vu construire au Champ de Mars, fut un charmant spécimen d'architecture orientale. Le style en était franc et d'une irréprochable pureté. De cette œuvre admirée par l'Europe, que reste-t-il ? Trois dessins exécutés avec beaucoup d'éclat par le jeune artiste.

Le monument commémoratif de la victoire du Callao fait le plus grand honneur à M. Hénard. C'est un projet remarquable, original, parfaitement étudié. Le *Château de Pau*, par M. Lafollye, représente quatorze dessins, travail considérable, de longue haleine, de grand savoir et de vrai talent. Les projets des théâtres de Reims, d'Alençon et de Tours, par MM. Gosset, Hédin et Rohard, ont la même qualité et le même défaut : plan logique, bien fait et commode, décoration prétentieuse et surannée. L'*Église de Ham*, un gros travail de M. Corroyer, ne manque pas de mérite, celle de Châteauroux, par M. Conin, a de bonnes façades gothiques ; mais la palme appartient, si je ne me trompe, à M. Ruprich-Robert pour sa belle *Église de Flers*. Le *Temple Israélite de Lyon*, par M. Hirsch, présente un bon ensemble et une estimable étude de l'architecture romane. La *Chapelle du château de Vincennes* nous révèle un bon élève de M. Viollet-le-Duc, j'allais dire Viollet le gothique, dans la personne de M. Sauvageot. L'hôtel exécuté à Nancy par M. Vionnois manque de goût et de simplicité, ce qui le gâte, car les plans en sont bien disposés. Quant à la *Villa impériale* de M. Poix, elle est d'un style bâtard qui flotte entre le Louis XIV et le Louis XV, et j'estime qu'elle embellira médiocrement la place de Deauville ; mais M. Poix lui-même présente son projet sous une couleur séduisante. On n'imagine pas la somme de talent qui se dépense à parer pour cette exposition la médiocrité des moindres architectes. Si l'invention n'y brille que par places, le talent d'exécution y est admirable presque partout. Jamais l'habileté de main n'a mieux couvert l'indigence des idées. En résumé, l'architecture française en 1868 est moins un art qu'un système d'imitation éclectique. La peinture incline à vue d'œil vers la production industrielle. Les sculpteurs seuls suivent avec constance et désintéressement la tradition des maîtres ; mais on n'a pas encore vu poindre, même en sculpture, un style qui caractérise le temps présent.

ISBN : 978-1983958694

www.ingramcontent.com/pod-product-compliance
Lightning Source LLC
Chambersburg PA
CBHW070927220526
45468CB00005B/1691